LE CRI DE L'HUMANITÉ

ET

LE LANGAGE DE LA RAISON,

AUX AMIS DE LA PAIX

ET DU BON ORDRE.

Par Brizé Fradin, Membre de la Justice de Paix de la Commune de Soissons.

> . . . . *Sunt certi denique fines,*
> *Quos ultrà citrà que nequit consistere rectum.*
>
> Il est certaines limites au delà et en deçà desquelles le vrai ne peut se rencontrer.
>
> HORACE.

Une partie de l'Europe n'offre plus qu'un tableau déchirant. L'ame affligée veut trouver un site consolant, hélas! elle ne peut se reposer que sur des ruines.

Lorsque la terre est abreuvée de sang et que son sein semble vouloir revomir les cadavres, des colonnes formidables s'entrechoquent,

A

l'heure du carnage sonne.... Après trois années de meurtres, l'horrible mort plane encore ! Grand Dieu ! y a-t-il un plan de conspiration contre l'espèce humaine ? Veut-on préparer à la génération présente un vaste cercueil ?

Puissances armées, votre empire n'est-il que le pouvoir de destruction ? non sans doute. Hâtez-vous donc de fermer ce gouffre affreux, qui, depuis trop long-tems dévore les hommes, les richesses, et vomit les fléaux destructeurs. Faites cesser cette consternation qui frappe également l'humble chaumière du pauvre et le palais de l'homme puissant. Rendez la vie aux corps politiques languissants; rapprochez, raffermissez-en toutes les parties chancellantes. Ramenez la paix; ce premier besoin des peuples est exprimé fortement par le vœu de la nature outragée. N'attendez pas qu'elle soit provoquée par l'excès et la lassitude de tous les maux. Le cri des nations malheureuses est pour ceux qui les gouvernent. Le bruit lointain de l'orage.....

Ne combinez pas dans vos déterminations les efforts de la valeur française, ni ses chances presque toujours favorables aux nations qui combattent pour leur indépendance. Ce n'est point la puissance des armes, mais celle de la justice qui doit faire respecter un peuple. Dès que la sagesse et la loyauté sont la base de sa

politique ; son nom peut figurer honorable-
ment dans les traités ; dédaigner cette alliance,
c'est mépriser la vertu.

Suivez la marche et les relations du gouvernement français ; sa main essuie les pleurs des
malheureux, brise leurs chaînes, détruit les
bastilles, renverse les échafauds fumants, répand la coupe expiatoire sur l'autel de la misé-
ricorde.

Lisez, lisez les traités avec la Prusse, la
Hollande et l'Espagne, on n'y voit point le
style et les prétentions de l'orgueil ; ils offrent
l'expression de cette franchise qui garantit la
fidélité aux engagements. Généreux au champ
de bataille, les Républicains contemplent, en
soupirant, les lauriers acquis au prix de tant
de malheurs ; sages au milieu des triomphes,
ils s'honorent et s'empressent de désavouer et
réprimer les excès de quelques soldats cou-
pables. Les provinces de Guipuscoa et de Bis-
caye ont reçu au nom de la nation entière la
réparation solemnelle des vexations exercées
sur leur territoire.

L'ennemi voudroit-il encore venger la mort
de Louis XVI ? Mais ses mânes ne sont-ils pas
effrayés de voir autour d'eux tant de victimes
immolées par le fer, le feu ou la contagion ?
L'humanité ne vous adjure-t-elle pas d'éparg-
ner les restes échappés à la fureur des combats ?

(4)

Prétendez-vous punir ces brigands qui vouloient cannibaliser la France et l'Europe? Le
droit de frapper ces monstres, étoit réservé à
la justice nationale outragée. Ils ont pu quelque tems se soutenir à l'aide de la terreur,
mais leur audace hâtoit leur perte, et leur trône
fut l'échafaud.

Vous a-t-on persuadé que la fermentation
des haines et des passions liberticides entrai-
neroit dans une explosion la ruine de la République? Les malheureux !.... Ils ont fait du
sanctuaire des lois l'antre de l'assassinat. Ils
vouloient encore faire régner l'anarchie, pour
couronner le despotisme.... Qu'on cesse de
vanter ou la puissance tranquille au milieu
d'un rempart armé, ou ce courage barbare des
chefs terrassants les animaux dans l'arène.
Qu'il est grand le président de la représentation nationale, paisible sous les poignards et
n'opposant au fer des furieux que sa vertu et
son intrépidité ! Mais il ne reste de ces attentats que le souvenir odieux de ceux qui les ont
commis ; l'abyme sanglant qu'il avoient creusé
s'est refermé sur eux, il est refermé pour toujours. La révolution française en exaltant les
penchants, en donnant un libre essor à la fou-
gue des passions, a fait de la France une mer
en furie et couverte d'écume ; au milieu de
cette agitation des éléments de la Société, tous

les caractères se sont mis nécessairement à
découvert. On a donc pu les surprendre, les
signaler et tracer facilement une ligne de démar-
cation entre les bons citoyens et les méchants;
car, il y avoit liberté pour le bien comme pour
le mal : dès que les ennemis du bien public
sont connus, ils ne sont plus à craindre.

A-t-on calculé les effets de la disette, et de
tous les fléaux qui assiègent la République? Les
puissances belligérantes ne partagent-t-elles pas
ces maux cruels? La nature équitable dans la
distribution de ses bienfaits, les répand avec
abondance sur les peuples paisibles. Occupés
des soins de l'agriculture, elle les refuse à la
multitude effrenée qui s'entregorge; ainsi l'horrible famine, la contagion, la peste brûlante,
ces maux affreux inséparables de la guerre,
présentent des leçons effrayantes qui doivent
réveiller la conscience des nations, et les ramener aux sentiments de sociabilité.

Veut-on venger l'anéantissement de l'autorité capétienne? Mais Louis eût été condamné
à la déchéance même par le conseil des rois
coalisés. Malheur! malheur au gouvernement
foible, il marche sans cesse entre les écueils
de Caribde et de Sylla; il est toujours ou la
proie d'une faction intérieure ou dévoré par
ses voisins.

Les corps moraux ainsi que les corps phy-

A 3

siques portent avec eux le germe de destruction ; ils s'élèvent lentement et tombent avec rapidité ; ils naissent, donc ils doivent mourir. Depuis long-tems la monarchie française s'affaissoit sous le poids des institutions féodales, des loix fiscales et barbares, et des coutumes incohérentes. Comment pouvoir relever les débris de cet édifice miné de toute parts ? Comment arrêter ce torrent de corruption qui transformoit le caprice en loi, l'intérêt personnel en devoir, la richesse en vertu, les bonnes mœurs en ridicule ? Quelle digue opposer au luxe effréné d'une cour, qui pompoit et desséchoit les réservoirs de l'état, exerçoit son empire sur la mode, tournoit son occupation vers l'invention des taxes onéreuses, et couvroit les cris du peuple par le bruit éclatant de ses plaisirs. Le délire de l'égoïsme étoit si violent, l'autorité tellement avilie, qu'on ne pût même obtenir l'enrégistrement de l'impôt territorial.

Au milieu de la tourmente de tant de passions, lorsque le bras d'Hercule étoit inutile, les rênes de l'empire étoient confiées aux mains incertaines de Louis Seize. Incapable de maîtriser les hommes, les événemens, de prévenir, d'entrevoir, de détourner les dangers, dépourvu de ce génie qui plane sur les obstacles, indolent dans le calme, inactif dans

les moments de crise (1) ; voulant de l'argent et
point de loi ; opposant le peuple aux privilégiés, quand il envisageoit le délabrement des
finances ; armant les privilégiés contre le peuple, quand il s'agissoit de vouloir aggrandir
son autorité ; habile seulement dans l'art de
les caresser et de les tromper tour-à-tour, sans
s'appercevoir que cette oscillation continuelle
hâtoit sa chûte, et lui attiroit la haine de tous
les partis ; c'est ce qui eût lieu après les événements du dix août.

Une puissance voisine qui dans tous les tems,
fût jalouse de notre prospérité et avide de nos
revers, s'apperçut qu'en France la royauté
n'étoit plus que la fable du Soliveau. Elle sut
profiter de la foiblesse et de la nullité de notre
gouvernement pour introduire au milieu de
nous l'hydre des factions qui déchire depuis si
long-tems le sein de notre malheureuse patrie.
A l'époque de la convocation des notables, la
fureur anglaise fit en France une irruption
soudaine ; on la vit paroître dans nos costumes,
nos équipages, elle essaya même de renverser
notre régime et de détruire nos habitudes. La
constitution britannique, la prétendue balance
de ses pouvoirs devinrent alors l'idole des pen-
seurs et la mode des écrivains. A la tête de

____

(1) Quand on vint annoncer à Versailles l'arrivée des habitans
de Paris, Louis étoit occupé à forger avec son serrurier.

cette secte politique parurent Lalli-Tolendal et Mounier; l'un rendit ce système éblouissant par la magie du style et le prestige d'une éloquence vive et sémillante; l'autre voulant convaincre, employa l'arme du sophisme, et déploya toutes les ressources artificielles d'une logique pressante et soutenue, tandis que tous deux vouloient englomaniser la France et les Bourbons; Pitt de l'autre côté, nourrissoit habilement les espérances, le ressentiment et les vengeances de la maison d'Orléans : mais tous ces grands projets vinrent s'évanouir dans les ténèbres de la fameuse nuit d'octobre. Le buste du favori de Londres tomba dans la boue de la rue St. Honoré : celui qui le portoit en triomphe, fut atteint d'un coup de fusil. Après ces événements imprévus, le ministre anglais crut devoir mettre sur la scène un autre personnage; il jetta les yeux sur le fils de George, ainsi la chûte des Bourbons fut de nouveau concertée; une alliance devoit même cimenter l'usurpation : la reddition de Valenciennes parut offrir une occasion favorable à l'exécution des grands desseins du cabinet de St. James. Alors on fit publier au son des guinées, que le duc d'Yorck pouvoit seul sauver la France. On préconisoit pompeusement ses qualités éminentes. On affecta même de donner à son entrée dans cette ville tout l'éclat et la pompe dont peut

s'environner un guerrier qui s'avance en libé-
rateur. Ce plan d'agrandissement de la maison
d'Hanovre fut protégé par quelques orateurs à
la tribune des Jacobins, et soutenu par l'or et
le crédit populaire de Philippe. Ainsi le ministère britannique, l'ame de la coalition, vou-
lut sans cesse nous faire disparoître sous le fer
ennemi, ou par le feu de la discorde qu'il allu-
moit au milieu de nous. Il est donc démontré
que dans l'absurde hypothèse d'une invasion,
la France eût éprouvé le sort de la Pologne,
et le chef, celui de Stanislas ; il eût été réduit
à l'état du pensionnaire de Grodno. Cette seule
considération suffit donc pour prouver que la
guerre ne peut avoir pour prétexte l'anéantissement de l'autorité de Louis.

Stanhope, émule de Sidney, philosophe
éloquent et sensible, que votre voix s'élève au
milieu du parlement ? Foudroyez ces orateurs
séduits par l'éclat de l'or et des dignités. Dites
à Williams Pitt, gouverneur du roi George, et
l'agent du cabinet de St. James, dites lui :
« L'humanité vous cite à son tribunal, elle
« vous accuse d'avoir déployé dans cette guerre
« ces moyens perfides qui avilissent les gou-
« vernements. Vous avez organisé les troubles
« et les trahisons de Toulon. L'infernale guerre
« de la Vendée est votre ouvrage ; vous avez
« salarié l'insurrection, l'intrigue ; vous avez

« corrompu les généraux vainqueurs ; vous
« avez porté le fer et la flamme au sein des
« colonies françaises : afin de miner le crédit
« public, vous avez établi dans Paris des bu-
« reaux d'agiotage, tandis qu'à Londres, vous
« étiez occupé à surveiller l'activité des manu-
« factures de faux assignats. Vos émissaires ont
« tenté de soulever les Suisses ; la neutralité de
« Gènes a été insultée, reposante sur la foi des
« traités ; les prisonniers français ont été lâche-
« ment égorgés ; dans le dessein d'affamer la
« république française, vous avez conclu un
« traité de commerce avec les Américains. O
« comble de contradiction ! le roi George négo-
« cie avec les Etats-Unis, et déclare que le peu-
« ple français qui veut être libre, doit être rayé
« de la liste des puissances (1). Vous avez forgé,
« aiguisé, vendu, dirigé les poignards qui,
« plus d'une fois menacerent la liberté ! Puis-
« que le sort des armes devoit décider cette
« cause sacrée, eh bien ! c'étoit à Haudschoote,
« au champ de Fleurus, sous les murs de Mau-
« beuge où le grand colonel Mack pouvoit dé-
« ployer la vaste étendue de son génie guerrier,
« et faire valoir une réputation plus éclatante
« que les diamants de cette épée qui devoit sur-

(1) C'est ainsi que Catherine deux, par une semblable contradiction de fait et de principes, détrône Stanislas et veut nous
donner un roi.

« passer en célébrité celles de Charlemagne et
« de la chaste héroïne d'Orléans. En couvrant
« la mer de vos vaisseaux, en vous emparant
« de la Corse et de tous les postes importants,
« croyez-vous usurper plus long-temps le scep-
« tre de la mer ? Semblable au Carthaginois
« Hannon, voulez vous que nul ne puisse y laver
« ses mains sans votre permission ? » O Stanhope ! travaillez à faire rentrer dans ses limites
une puissance qui semble ne protéger que pour
envahir. Le droit de la guerre lui permet de
former des régiments et d'équiper des flottes,
mais il lui défend d'infester la France d'une
armée d'espions et de brigands. Dans la se-
conde expédition contre Carthage, Rome regar-
doit comme un devoir de s'interdire tout espèce
de stratagême.

Deux factions puissantes ont déchiré le sein
de la France, paroissant agir en sens contraire,
employant des moyens différents, elles ten-
doient au même but. L'asservisement et la destruction de la patrie : irrités de ne plus parta-
ger l'autorité souveraine, des ambitieux sou-
leverent l'Europe contre une constitution qui
en écartant du trône tous les vices-rois, envi-
ronnoit la monarchie de tout l'éclat du pouvoir et de la magnificence. L'acte constitutionel de 91 fut donc foulé aux pieds par ceux
qui vouloient ramener parmi nous les hor-

reurs du régime de Goa. Jouissez maintenant de vos privi.èges, ô vous qui avez suscité cette guerre atroce qui a décimé les nations ! Contemplez l'Europe et la France couvertes de décombres. Malheureux ! voilà votre ouvrage ! vous voulez un sceptre, une couronne, un trône ! Eh bien ! la faulx de la mort est entre vos mains, vos fronts sont ceints de cypres sanglans. Régnez sur les ossemens de près de deux millions d'hommes dont vous avez provoqué le massacre ! Vous voulez une cour et des adulateurs ! Eh bien ! contemplez ces meres de famille formant de tous côtés des grouppes funèbres, redemandant un fils, un époux arrachés de leurs bras, cherchant en vain leur tombe, afin de pouvoir l'innonder de leurs larmes. Allez recevoir les éternels reproches de ceux que votre exemple et vos menaces ont entraînés dans l'abyme.

Une autre faction s'est jettée dans des excès aussi terribles : c'est au nom de la liberté et de l'égalité qu'elle a commis tous les attentats. Elle osa présenter à la nation un code qui mettoit l'insurrection en principe. Les chefs de ce parti, disoient que le peuple étoit tout, parce qu'ils vouloient que bientôt il ne fût rien. Ils lui confioient momentanément l'exercice de tous les pouvoirs, afin qu'il s'écrasât sous son propre poids. C'est en frémissant qu'on par-

courra les pages ignominieuses de notre his-
toire. Les agrariens agitèrent Rome, les nive-
leurs troublèrent l'Angleterre, mais ce système
désorganiteur étoit concentré dans un petit
nombre d'obscurs partisans. O forfait inoui
depuis l'établissement des sociétés policées ! de
vils usurpateurs de l'autorité souveraine, ont
voulu nationaliser le brigandage, diviniser le
meurtre (1), et conduire le peuple à l'esclavage
par le sentier du crime. Le gouvernement révo-
lutionnaire fut établi, gouvernement infernal et
farouche, qui posoit une baïonnette entre l'é-
poux et l'épouse, le pere et les enfants, et qui
dénatura tellement l'homme qu'on trembloit à
la vue de son semblable, comme en la présence
d'un tigre. Victimes innombrables de cet âge
de fer et de sang, les cœurs généreux et sen-
sibles ont palpité d'horreur : toutes les tendres
affections de la nature se sont réveillées ; vous
avez reçu plus d'une fois le tribut de notre pi-
tié, des larmes d'attendrissement ont coulé au
récit et au spectacle de tant d'atrocités.

La nation française est toujours digne de re-
cueillir le prix de tant de travaux, son indépendance est devenue en quelque sorte une

(1) Quand on éternuoit à Paris, on entendoit des femmes
vous dire, Marat te bénisse. Pauvre peuple ! La superstition est
semblable à celle des Egyptiens, tu te prosterne souvent devant
les crocodiles qui te dévorent.

propriété inviolable, puisqu'elle est acquise au prix de cinq années de dangers, de sacrifices, de combats et de victoires. Le pouvoir royal ne lui convient point. Que dis-je, il la déshonoreroit aux yeux de l'Europe et de la postérité. Le pouvoir royal en suscitant une foule de prétendants pour les intérêts desquelz il faudroit combattre nous précipite dans vingt années de guerre civile; dans cette affreuse hypothèse, hommes du 9 thermidor et de prairial! ô vous tous qui avez défendu la cause sacrée des principes avec l'épée et avec la plume, Anglomanes constitutionel, un même sort vous attend, bientôt les échafauds se redressent, les buchers du fanatisme se rallument, les cachots se creusent, un vaste cimetière s'ouvre, braves défenseurs de la patrie, vos têtes ornées de lauriers seroient-elles reservées à la hâche des bourreaux..... Juste ciel! ciel propice! écartez sans cesse de ma patrie ce déluge de calamités.

La nation éclairée par une funeste expérience ne peut adopter la pure démocratie. La route à tenir est donc située entre les deux extrémités; il est certaines limites, a dit un auteur célèbre, au delà et en deçà desquelles le vrai ne peut se rencontrer. Il s'agit donc de chercher, et de saisir ce tempéramment exact, qui contenant l'ambition dans de justes bornes, prévient tous les genres de despotisme, celui d'un seul et celui de la multitude.

La question du meilleur gouvernement n'est point le résultat des conceptions pénibles et des combinaisons vastes. Législatrice infaillible, la nature ne veut point que la félicité de l'homme soit un problême; elle veut le procurer à peu de frais; elle le place sous la main de l'homme. On diroit même qu'elle a posé les bases de la constitution politique, d'après celle de la constitution humaine.

En effet, examinons ce qui se passe en nous, nous y distinguons, sans peine, la faculté qui propose, celle qui accepte, celle qui exécute. Cet apperçu va devenir encore plus lumineux; les idées se présentent, se mettent en ordre, se combinent, le jugement les examine, il les approuve ou les rejette : enfin la plume transcrit. Les voilà dans ces trois pouvoirs séparés, toujours en harmonie, et formant, pour ainsi dire, le gouvernement de toutes les opérations humaines, et celui de la nature entière.

Ce principe simple, et placé en nous, se développe de lui-même et s'applique naturellement à l'organisation politique.

Le premier pouvoir conçoit les idées, recueille les éléments, les triture, en préparant les lois, il représente la pensée qui propose. Le second envisage les rapports ou la disconvenance des lois, avec l'intérêt social; c'est la volonté déterminante. Le troisième enfin est le mouvement, c'est l'image du bras du gouvernement, qui doit être en proportion avec la force et l'étendue du corps politique.

S'agit-il de déléguer ces trois pouvoirs, l'expérience portant son flambeau vient marcher auprès de la nature.

L'homme en société ne cesse pas d'être son disciple, elle règle ses fonctions et fixe le tems de leur durée, la jeunesse emploie ses forces à défendre les lois, elle ne doit qu'obéir. L'âge mûr est propre aux délibérations importantes et à l'exécution des grands desseins. La sage vieillesse examine, prononce dans le calme de la pensée et le silence des passions.

Ainsi la présentation des lois, doit être confiée aux citoyens qui ont atteint le tems de la vérité morale. La sanction est déléguée à ceux qui, par leur âge et l'expérience, sont en état de connoître ce qui peut nuire ou contribuer à la félicité publique (1).

Quant à la puissance exécutive, elle doit

____

(1) On sait qu'elle étoit l'influence des vieillards dans la religion et la législation des peuples. Dans l'origine du chritianisme, les anciens bénissoient le pain et la coupe, les distribuoient aux assistans, et présidoient le tribunal de censure. Ainsi le mot prêtre dont on a voulu faire une injure, est respectable en lui-même, car il dérive du mot *Præsbus*, qui veut dire ancien. Lisez le traité de la Félicité publique par le comte de Caylus.

reposer entre des mains sages, fermes et pures;
il faut qu'elle soit combinée de manière à assu-
rer au dedans le respect dû aux lois, leur exécution rapide, et à maintenir au dehors, la
dignité nationale qu'elle représente en partie.
Ici la raison perfectionnée vient à notre se-
cours. Elle nous montre les passions qui toujours emportent avec elles, ainsi que les corps
physiques, un principe d'attraction, une ten-
dance perpétuelle à l'accroissement, et cher-
chent sans cesse à monarchiser. D'un côté la
puissance héréditaire paroît absurde; le grand
art de régner n'étant pas plus un droit succes-
sif que les mathématiques et les autres sciences;
d'un autre part, se présentent les dangers et le
secousses inséparables des élections, quand il
s'agit de la direction suprême : mais la sagesse
leve les obstacles et concilie tout ; elle offre
l'épuration faite par des hommes probes, et la
combine avec la voie du sort. Alors l'intrigue
est brisée et tous les inconvéniens disparois-
sent. Un long pouvoir corrompt l'autorité, un
trop court espace est inutile ; ainsi dans la
durée des pouvoirs, il faut marcher également
entre les deux extrêmes.

Il est arithmétiquement démontré, que l'intérêt général est, en même-tems, la somme et
le résultat des intérêts particuliers, et que les
rapports sont toujours en proportion avec la

mise en commun. Autant le principe est évi-
dent, autant l'application est facile dans l'organisation politique.

Ainsi l'homme marié, père de famille, jouis-
sant d'une propriété, exerçant une fonction
utile, réunit toutes les conditions qui font
parties intégrantes de la chose publique; intérêts d'autant plus précieux et plus vifs, qu'ils
sont renforcés par l'instinct et les affections
puissantes de la nature. En fournissant le con-
tingent à la masse sociale, il doit en tirer un
produit; ce produit, consiste seulement dans
le pouvoir de surveiller la propriété publique,
soit par lui-même, soit par délégation. Certes,
ce droit politique est incontestable, car, il dérive de la faculté de maintenir ce qu'il possède.

Par des motifs contraires, le célibataire,
l'homme sans état, sans propriété, sans talent,
est naturellement isolé de l'intérêt général. Il
n'apporte rien, donc il ne peut rien retirer. Il
est absurde qu'il puisse réclamer le droit de
conservation; car, le droit suppose un titre,
or, il n'en présente aucun; le maintien de la
propriété publique indique d'ailleurs une pos-
session; or, il n'a rien à défendre. Il n'a donc
aucunes prétentions au droit de cité, c'est-à-
dire, à l'exercice des droits politiques, dès qu'il
y a danger pour sa personne, alors il est sous
la sauve-garde du droit naturel, qui seul pro-

tège également tous les hommes. A ce titre,
il est membre de la société universelle, et sous
la sauve-garde des loix protectrices de l'humanité, mais il est nul dans la représentation politique; car le signe fait présumer l'objet de la
représentation; or, cet objet lui manque. Con-
cluons donc que la qualité de citoyen résulte
de l'intérêt au maintien de la cité (1). Et d'ailleurs ces conditions qui constituent le titre de
citoyen, doivent encore être envisagées comme
moyens de responsabilité, et comme garantie
de la gestion des fonctions publiques. C'est en
vain qu'en 92, les vrais hommes d'état, les
sincères amis de la patrie, voulurent maintenir
ces principes conservateurs. Ce que l'éloquence
de Desmosthène ne put obtenir pour les affran-
chir après la journée funeste de Chéronnée,
dans l'intention de sauver Athènes, fut em-
porté par les déclamations de Robespierre :
en criant au meurtre de l'égalité, en invoquant
Aristide et Rousseau, il introduisit la mort dans
le berceau de la république. Les intriguants
étoient nombreux, ils forcèrent le temple de
Minerve, et enlevèrent le paladium de la liberté
publique. C'est d'une caste nouvelle qui se van-

---

(1) Je me propose de donner à cette thèse de plus grands dé-
velopements, dans une dissertation, sur les effets du droit naturel et du droit civil. je tâcherai de répondre clairement et
méthodiquement à toutes les objections du député Guyomard.

toit de n'avoir pour patrimoine que ce qu'elle appelloit vertus sansculotides, que sont sortis les égorgeurs et les dilapidateurs. Malgré la suppression des dénonciations nobiliaires, on vit ces nouveaux Gabinius usurper la plus illustre noblesse du monde entier et s'emparer des noms révérés de Socrate et de Platon. N'oublions donc jamais que les chefs et les ordonnateurs du pillage et des massacres, étoient pour la plupart, jeunes, célibataires, sans talent, sans mœurs et sans propriété (1).

En prenant la nature et l'expérience pour guides, nous avons découvert le mécanisme simple de l'organisation politique; nous connoissons les moyens d'établir l'équilibre entre les trois pouvoirs, et le secret de maintenir l'harmonie des passions. Rallions-nous donc à ces idées saines et conservatrices des empires. Nos ennemis ont senti qu'une constitution fondée sur l'ordre éternel de la sagesse, pouvoit réparer en peu de temps six années d'erreurs et de tourments. Ils ont donc tenté de l'étouffer dans sa naissance.

(1) Les amis de l'ordre, les observateurs des principes sont fortement avides de n'élever à législature que des citoyens âgés de 40 ans. A trente ans on est homme, à 40, on a prouvé qu'on l'étoit, et cette évidence est nécessaire dans les élections, et cette opinion est d'autant moins suspecte qu'elle est émise par un jeune homme. Il est néanmoins des circonstances qui font déroger à ces régles sévères établies par des considérations morales et l'expérience.

Rapprochons en effet les troubles de Berlin, l'incendie de Copenhague, l'embarquement des Russes, les nouvelles trahisons de la Vendée, la descente faite à Quiberon, l'explosion d'un de nos magasins à poudre, les agitations de Paris, nous reconnoîtrons les manœuvres de ce ministère profondément atroce, qui frappe en même-tems la France qu'il veut perdre, et nos amis dont il veut se venger.

Ennemis de l'humanité, vos efforts seront inutiles, le courage a vaincu, la justice règne, la sagesse aura son triomphe. Quoi! vous êtes encore altérés de sang! Eh bien! nous vous le déclarons à la face du ciel, nous voulons l'étancher, nous voulons fermer à jamais malgré vous, la plaie profonde faite à la France et à l'Europe. Vous voulez l'anarchie, la guerre civile, l'avilissement, l'anéantissement de la France. Eh bien! nous aurons la paix, l'ordre, le calme, nous reprendrons notre caractère généreux, sensible, notre dignité et notre rang parmi les puissances. Nous serons heureux et la contemplation de notre félicité fera votre seul supplice.

Eh qui donc pourra s'opposer à l'établissement d'une constitution fondée sur la sagesse? Les rois; mais la destruction de la caverne des Jacobins, l'anéantissement de cette faction sanguinaire, notre respect constant pour les institutions politiques et religieuses, ces principes d'humanité qui nous font traiter les habitants des pays conquis en frères et non pas en vaincus. Cet esprit de modération dans la victoire, ce système de justice également soutenu au dehors et au dedans, ont plus contribué que nos triomphes à les désarmer. Nous avons fait sur les rois, la plus noble des conquêtes, celle de l'estime, un ordre de chose constant leur fera chérir notre alliance.

L'Angleterre et la Russie; mais que pourront-elles contre les forces réunies de ces guerriers qui ont l'instinct et l'habitude de la victoire. N'est-il pas de l'intérêt des puissances d'arrêter bientôt les progrès de ces deux colosses effrayants, qui sous le titre de médiateurs menacent de tout envahir.

Tous ceux que la terreur a désigné comme partisans de la tyrannie; mais ils seront constamment les amis de la paix et du bon ordre dans un gouvernement où la liberté ne concourre qu'à faire le bien, où les droits sont la récompense des devoirs; sous une autorité, ferme, sage, et protectrice des propriétés et des personnes; sous le règne seul de la loi, il n'y a point de royaliste; les gouvernements sont bons ou mauvais, voilà leur différence réelle; ils font seuls les bons ou méchants citoyens.

Sera-ce enfin la coalition de ces hommes

qui ne veulent vivre que de désordres ; mais un coup-d'œil de la part du gouvernement ne suffit-il pas pour faire disparoître cette lie impure de la révolution, si elle osoit s'agiter encore.

Quelle paroisse donc cette constitution, non pas comme la chartre décemvirale *lancée à travers les éclairs et la foudre*, mais rayonnante de sagesse et environnée de tous les attributs de la raison, étayée par l'humanité envers les foibles, la clémence envers les hommes séduits et égarés ; cet autel deviendra inébranlable ; là les haines nationales et individuelles viendront s'éteindre ; là, tous les intérêts iront se réunir.

DE L'IMPRIMERIE DE CUSSAC,
Rue Honoré, N° 68.

64